CERTIFICATS

ET

TITRES DIVERS

Établissant les Services

DE M. RIEUNIER,

Dans l'Instruction Publique.

PIÈCE A.

Rieunier, Aubin, né le 1er mars 1815, à Boissezon, canton de Mazamet, arrondissement de Castres, département du Tarn. (Acte de naissance).

PIÈCE B.

Nous soussigné Jean-Baptiste Bernolle, maire de la commune de Puyvalador, canton de Mont-Louis, certifions que M. Rieunier, fils a résidé dans notre commune, section de Rieutort, en qualité d'instituteur, pendant deux ans, à partir du mois de mars 1830, et qu'il s'est toujours conduit d'une

1848

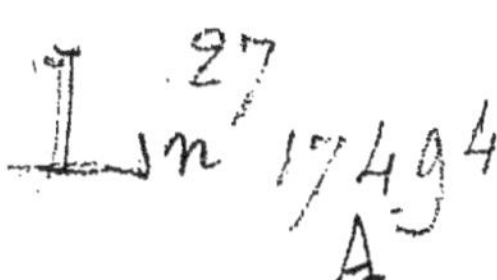

maniere qui mérite des éloges. En foi de ce, Puyvalador, le 7 décembre 1838.

BERNOLLE.

Vu pour légalisation de la signature de M. Bernolle, maire de Puyvalador.

Prades, le 15 décembre 1838.

Le Sous-Préfet, BACQUÉ.

PIÈCE C.

Le maire de la commune de Railleu, soussigné, certifie que M. Rieunier fils, instituteur primaire, a servi dans cette commune en cette qualité, pendant environ dix mois (de mars 1832 au mois de décembre de la même année), et qu'il s'y est toujours bien conduit. En foi de ce, Railleu, le 11 décembre 1837.

Le Maire ASPARRE.

Vu pour légalisation, etc.

Le Sous-Préfet, BACQUÉ.

PIÈCE D.

Brevet de capacité pour l'enseignement primaire (3e degré), délivré par M. Gergonne, recteur de l'Académie de Montpellier, le 6 juillet 1833.

PIÈCE E.

Nous, Joseph Gaillard, maire de la commune de Vernet, canton et arrondissement de Prades, département des Pyrénées-Orientales, certifions que M. Rieunier, Aubin, a résidé dans notre commune en qualité d'instituteur primaire, pendant l'espace de quinze mois, c'est-à-dire du 1er janvier 1833 au 20 mars 1834, et qu'il s'est toujours conduit d'une manière exemplaire et digne d'éloges. En foi de ce, Vernet, ce 4 décembre 1837.

Le Maire de Vernet, GAILLARD.

Vu pour légalisation, etc.

Le Sous-Préfet, BACQUÉ.

PIÈCE F.

Ecole Normale Primaire des Pyrénées-Orientales.

La Commission de surveillance de l'Ecole normale primaire de Perpignan, vu les notes des divers examens subis par M. Rieunier, Aubin, de Boissezon (Tarn), et celles données par les Professeurs de ladite école, certifie que le sieur Rieunier, ci-dessus dénommé, a suivi *avec succès*, depuis le 20 mars 1834 jusqu'au 6 septembre 1836, les cours de l'Ecole Normale de Perpignan.

Perpignan, le 15 décembre 1836.

Les Membres de la Commission de Surveillance :

Sèbe, Monal, Puiggary, Le Ch. de Basterot, Jaubert de Passa, Crova, Henry, Barrera, Ch.-H. Delcros, Lacombe St-Michel.
Le Directeur de l'Ecole : *L. Béguin.*

Les Professeurs : *Mattes, Grill, Dalverny, Pugens cadet.*

PIÈCE G.

Brevet de capacité pour l'Instruction primaire supérieure, délivré à Perpignan, par la Commission d'examen des Pyrénées-Orientales, le 5 septembre 1836, à M. Rieunier.

PIÈCE H.

Nous, Jean Circan, maire de la ville de Prades, arrondissement de Prades, département des Pyrénées-Orientales, sur l'attestation qui nous a été faite par MM. Joseph Lacroix ; François Saleta et Victor Bordes, membre du Conseil municipal, que le sieur Rieunier, Aubin, né à Boissezon, arrondissement de Castres, département du Tarn, le 1er mars 1815, domicilié dans notre ville depuis le 8 septembre 1836 jusqu'à ce jour, est de bonne vie et mœurs, et est digne par sa moralité de se livrer à l'enseignement, lui avons délivré, conformément à l'article 4 de la loi du 28 juin 1833 sur l'instruction primaire, le présent certificat, pour lui servir ce que de droit.

Fait à Prades, le 15 mars 1838.

Les Conseillers Municipaux :

Lacroix, F. Saleta, V. Bordes.

Le Maire, J.-B. Circan.

Vu pour légalisation, etc.

Le Sous-Préfet, Bacqué.

PIÈCE I.

Extrait des Registres des Délibérations du Conseil Municipal de la ville de Carcassonne, chef-lieu du département de l'Aude.

L'an mil huit cent trente-huit, et le 12 février, le Conseil municipal de la ville de Carcassonne s'est assemblé dans le lieu ordinaire de ses séances, pour l'ouverture de la session constitutionnelle de février, sous la présidence de M. Coumes, maire.

Etaient présents : MM. Vidal, Lapperrine, Brunet, Maraval, Jaffus, Boyer, Mandoul, Marty — Roux, Plauzoles, Aynard, Godard, Sarrand, Cros, Bausil, Vié, Germain, F. Fages.

M. le maire fait donner lecture du procès-verbal des opérations du Jury nommé pour le concours d'un Instituteur à l'École mutuelle de la Cité et de ses faubourgs, et de celui du comité local qui devait, en vertu de la loi, donner son avis avant la présentation des candidats, que doit faire le Conseil municipal au Comité d'arrondissement : il résulte de cette lecture, que le Jury a rempli sa tâche avec le zèle, l'impartialité et la conscience que l'on devait attendre de lui ; on n'a pu qu'approuvrer les sages mesures qu'il a prises pour apprécier les connaissances et le mérite de chaque candidat. Le Jury n'a pas cru avoir rempli ses devoirs en ne considérant dans les candidats examinés que le degré d'instruction, et a pensé qu'il devait avoir aussi égard à d'autres qualités qui peuvent puissamment concourir à la considération dont l'instituteur doit être entouré et au succès de l'école. Quoique M. Bernard eût donc obtenu le n° 1 dans l'ordre d'examen, et M. Guiraudou le n° 2, il désigne comme le plus propre pour les fonctions d'institeur primaire, M. Rieunier, qui, placé au-dessous des deux premiers, mais à une petite distance (1), offre par son âge, son aplomb, l'habitude de l'ordre dont il a fait preuve, et l'expérience acquise par plusieurs années comme directeur d'une école supérieure à Prades, toutes les garanties que demandent et l'administration et les pères de famille. Le comité local, dont les menbres avaient assisté aux diverses épreuves du concours, a confirmé par son avis et fortifié par de nouveaux motifs, la désignation faite par le Jury de M. Rieunier, pour instituteur primaire.

Le Conseil municipal, après une mûre discussion, convaincu de la sagesse des observations présentées par le Jury et par le Comité local, voulant assurer à la nouvelle école, dès

---

(1) Mes épreuves en dessin linéaire (perspective) et en musique ont été très-malheureuses.

son ouverture, les succès qui peuvent en garantir la durée, et trouvant réuni dans M. Rieunier, l'instruction, les qualités morales, la maturité, l'expérience qui lui offrent cet avenir de succès, le désigne au Comité d'arrondissement en première ligne et comme le plus propre à remplir la place d'instituteur de l'école mutuelle de la Cité et de ses faubourgs.

Et délibère en même temps que M. Bernard sera porté le second sur le tableau présenté au Comité d'arrondissement, et M. Guiraudou le troisième, en témoignage d'estime pour les connaissances et les qualités morales qui les distinguent.

Pour copie conforme:

Le Maire de Carcassonne, COUMES.

Vu pour légalisation, etc.

Le Conseiller de Préfecture, Secrétaire-Général,

SICARD–BLANCARD.

PIÈCE J.

Nous, Président et Membres du Comité supérieur d'Instruction primaire de l'arrondissement de Carcassonne, certifions à qui il appartiendra que M. Rieunier, Aubin, directeur de l'école communale de cette ville depuis environ deux ans, dirige son école avec un zèle et un dévouement sans bornes et qu'il a fait preuve d'une grande expérience et d'un savoir étendu pour le *mode d'enseignement mutuel*. En foi de ce, Carcassonne, le 14 décembre 1839.

Le Préfet, président: *Roulleaux-Dugage ;* le Vice-Président ; *le baron Peyrusse, A. Coumes, Cros ;* Le Procureur du Roi: *Pouget, Gourg, Maineau,* Ch. curé ; *Villiers-Moriamé, Mailhól, Mathieu.*

PIÉCE K.

M. Rieunier, Directeur de l'École Mutuelle Communale de
Carcassonne,

*A Monsieur le Maire et à Messieurs les Membres du Conseil
Municipal de cette ville.*

Messieurs,

Lorsque, y a deux ans, je fus appelé à la tête de l'École
mutuelle de la Cité et de ses faubourgs, je n'ignorais pas que
j'avais à lutter contre bien des préjugés et surtout contre les
trop malheureux antécédents de l'école sous la direction de
mon prédécesseur ; aussi pris-je la ferme résolution de ne rien
négliger pour la prospérité de cet établissement, et pour ré-
pondre à la confiance dont vous m'aviez honoré. Depuis le
premier jour de mon entrée en fonctions jusqu'à ce moment,
j'ai conservé le même désir, j'ai été animé de la même ardeur ;
pour atteindre ce but, je me suis dévoué entièrement et sans
réserve à mon devoir, j'ai fait tout ce qu'il était moralement
possible de faire, j'ai entrepris tout ce qu'il était possible d'en-
treprendre ; mais, je dois le dire, tous mes efforts ont été vains,
et l'opinion publique, *ce juge sévère mais non infaillible*, s'est
prononcée pour les Frères ; les parents préféreront toujours
envoyer leurs enfants aux Écoles Chrétiennes qu'aux Écoles
d'enseignement Mutuel.

Dans un pareil état de choses, Messieurs, et profondément
persuadé qu'une école mutuelle ne prospérera jamais à Carcassonne, mon honneur et ma conscience me font un devoir
de déposer ma démission entre vos mains, car il me répugne
de percevoir des honoraires que je ne gagne pas, depuis sur-

tout que mon édole se trouve réduite à un très-petit nombre d'élèves, et d'occasionner à la ville des dépenses qui pourraient être plus utilement distribuées.

Vous venez d'entendre, Messieurs, le langage que m'a dicté l'honneur; il en est un autre bien opposé, qui m'a été tenu par les intérêts; et si, après une lutte qui n'a pas été longue, la conscience a triomphé, il ne faut pas oublier de comparer la position que je sacrifie, à celle bien incertaine encore qui m'attend. Que ferai-je ? Où irai-je dénué de toutes ressources comme je le suis? Encore si j'étais seul victime! mais l'auteur de mes jours! mais ma mère…. qui ne subsistent que par moi!!!

Je vous prie, Messieurs, de daigner vous arrêter sur les considérations qui précèdent, et de voir s'il ne serait pas équitable de m'accorder une indemnité en dédommagement du saccifice que je fais et qui doit seul tourner au profit de la ville.

Je suis avec respect, etc.

RIEUNIER.

Carcassonne, le 1er avril 1840.

PIÈCE L.

Mairie de Carcassonne.

L'an mil huit cent-quarante et le trois avril, le Conseil municipal de la ville de Carcassonne s'est réuni dans le lieu ordinaire de ses séances, sous la présidence de M. Coumes, maire, chevalier de la Légion-d'honneur, pour une session extraordinaire, autorisée par M. le préfet, par ses deux lettres du 31 mars et 2 avril.

Étaient présents : MM. Fonsés, Pailhiez-Piécour, Laperrine, Brunet, Maraval, Germain, Vidal, Jaffus, Bausil, Plauzoles, Aynard, Godard, Paliopy, Fages, Cros, Mandoul, Marty, Vié, Sarrand et Trinchan.

M. le Maire invite le Conseil à désigner un secrétaire pour la session extraordinaire, autorisée par M. le Préfet; il est ouvert un scrutin et M. Germain, ayant obtenu la majorité des suffrages, est désigné pour remplir ces fonctions; il vient aussitôt prendre place à côté de M. le Président.

Il est communiqué au Conseil une lettre de M. Rieunier, directeur de l'école d'enseignement mutuel, par laquelle cet instituteur déclare que, n'ayant pu réussir, malgré tous ses efforts, à faire prospérer l'établissement dont la direction lui a été confiée, la répugnance qu'il éprouve à percevoir un traitement qu'il n'aurait pas gagné lui fait un devoir de déposer sa démission, persuadé que la ville trouvera à dépenser plus utilement les sommes affectées à cet établissement; il demande qu'en dédommagement du sacrifice qu'il s'impose, le Conseil veuille bien lui accorder une indemnité qui puisse le mettre à même de pourvoir aux besoins de sa famille, en attendant qu'il puisse se procurer un autre emploi.

Le Conseil accepte la démission du sieur Rieunier, qui n'aura lieu qu'à partir du 1er mai prochain, et ayant égard aux sentiments honnêtes qui l'ont motivée, accorde à l'unanimité, à cet instituteur, une somme de huit cents francs (1) à titre de gratification, et vote aux budget de l'exercice courant un crédit additionnel de pareille somme (2).

Pour copie conforme,
Le Maire de Carcassonne,
A. Coumes,
Chevalier de la Légion-d'Honneur.

---

(1) Antérieurement et dans une circonstance qui offre quelque analogie avec celle-ci, le même Conseil municipal n'accorda qu'une indemnité de 200 francs au Directeur de l'École mutuelle (canton Ouest) qui venait de donner sa démission.

(2) L'École se trouve dissoute par le fait puisqu'il n'a pas été pourvu à mon remplacement. On a disposé du mobilier pour les Écoles chrétiennes (1844).

PIÈCE M.

Mairie du 7ᵉ arrondissement de Paris.

Nous Maire du 7ᵉ arrondissement de Paris, sur la déclaration et l'affirmation de MM. Jean-Charles-Marius Roche, chapelier, rue des Écouffes, nº 14 ; Jean-Baptiste Lallié, chapelier, rue Saint-Martin, nº 112, et Henry-Eugène Paillette, graveur, rue des Petits-Champs-Saint-Martin, nº 4, certifions que le sieur Aubin Rieunier, professeur, est de bonne vie et mœurs : qu'il réside sur notre arrondissement, savoir : 1º du mois de mai 1840 au 18 septembre 1841, rue Saint-Martin, nº 114 ; 2º du 4 janvier au 4 avril suivant, rue des Quatre-Fils, 8 ; 3º du 4 avril dernier jusqu'au 8 octobre, passage Sainte-Avoye, nº 4 ; Enfin où il reste actuellement rue des Vieilles-Audriettes, 3, depuis ledit 8 du courant jusqu'à ce jour ; qu'enfin il est toujours digne, par sa conduite et sa moralité, de se livrer à l'enseignement. Et ont les susdits attestants signé avec nous. *Roche, Lallié, Paillette, Levillain,* adj.

Paris, ce 18 octobre 1843.

PIÈCE N.

(Cette pièce se rapporte à la précédente.)

Je soussigné, certifie que M. Rieunier est resté dans mon institution, pendant treize mois, en qualité de professeur, tenant ma classe d'enseignement supérieur, et que son zèle et sa capacité ont répondu au diplôme dont il est pourvu.

Paris, le 9 Septembre 1841.

ROBINET ,

Instituteur, rue Saint-Martin, 114.

PIÈCE O.

Pardevant nous, Maire du 5e arrondissement de Paris, sont comparus : M. de Vienne, Pierre-Henri, architecte, demeurant rue des Marais, no 17 bis ; M. Thorel, Léon-Edmond, instituteur, demeurant rue des Marais, no 14 ; et M. Prosper Chausson, entrepreneur de maçonnerie, demeurant rue Grange-aux-Belles, no 3.

Lesquels nous ont attesté connaître parfaitement M. Rieunier (Aubin), instituteur primaire, demeurant passage Sainte-Avoye, no 4, mais qui restait précédemment sur le 5e arrondissement, rue du Petit-Lion-Saint-Sauveur, no 7, et savoir qu'il est de bonne vie et mœurs, et qu'il est digne par sa moralité, de se livrer à l'enseignement. Les témoins, nous ont, en outre, attesté que M. Rieunier a demeuré sur le 5e arrondissement, l'espace de 5 mois, c'est-à-dire, du 18 septembre 1841, jusqu'au 9 février 1842 inclusivement. En foi de quoi, nous avons délivré le présent.

De Vienne, P. Chausson, Thorel, Soccard, adj.

Paris, le 5 Avril 1843.

PIÈCE P.

Comité d'instruction primaire du 8e arrondissement.

Nous, Maire du 8e arrondissement de Paris, sur l'attestation de MM. Perrier, juge de paix, Deslandes, docteur en médecine, et Maindrault, docteur en médecine, tous trois membres du comité local d'instruction primaire,

Certifions que M. Rieunier (Aubin), instituteur primaire, a résidé dans notre arrondissement depuis le 9 février 1842, jusqu'au 4 janvier dernier, que, pendant ce temps, il a rempli les fonctions de professeur dans les institutions de MM. Duez, et qu'il s'est conduit dans ces établissements, de manière à laisser une opinion favorable de sa moralité ; enfin, qu'il s'est constamment montré digne de se vouer à l'enseignement.

En foi de quoi nous avons délivré le présent.

Maindrault, Perrier, Deslandes.

Le Maire, *Bayvet.*

Paris, le 4 avril 1843.

PIÈCE Q.

(Cette pièce se rapporte à la précédente.)

Nous, chefs d'institution, certifions que M. Rieunier est resté dans notre établissement en qualité de professeur de français, de tenue de livres et de géométrie élémentaire, du 9 février 1842 au 4 janvier de l'année suivante, et que, pendant ce laps de temps, nous n'avons eu qu'à nous louer de son zèle, de sa capacité et de sa moralité.

En foi de quoi, nous avons délivré le présent.

Paris, ce 4 janvier 1842.

C. Duez.

Duez.

Membre de l'Université.

PIÈCE R.

(Cette pièce se reporte à la pièce M.)

Je soussigné, Louis-Joseph-Arsène Caffin, Instituteur, passage Sainte-Avoye, 4, déclare que, pendant tout le temps que M. Rieunier (Aubin) est resté dans mon établissement, comme professeur, je n'ai eu qu'à me louer de sa capacité, de son zèle dans ses fonctions et de sa bonne moralité.

A. Caffin.

Paris, 4 février 1844.

PIÈCE S.

Paris, le 31 Juillet 1845.

Je soussigné, maître de pension, certifie que M. Rieunier a été attaché, depuis le 26 Juin 1844 jusqu'à ce jour, à mon établissement comme professeur de la première classe de Français et comme maître de Mathématiques élémentaires et de tenue de livres.

Je certifie, en outre, que sous ses auspices, les élèves ont fait des progrès remarquables, ce qui est dû à son zèle, à son exactitude à remplir les fonctions dont il était chargé.

Je n'ai, du reste, jamais rien remarqué dans sa conduite qui ne fut très-régulier.

En foi de quoi je lui ai délivré le présent certificat pour lui servir ce que de raison.

Signé, Théophile Landry.

M. Rieunier a publié un *Système métrique décimal*, qui a été adopté dans plusieurs institutions de Paris et des départements.

———

Par suite d'un concours ouvert à cet effet, M. Rieunier a mérité d'être porté sur la liste des trois candidats présentés au comité central, pour la nomination d'un professeur de Chimie à l'École Supérieure de la ville de Paris.

———

M. Rieunier est membre de la *Société pour l'Instruction Élémentaire*.

———

Il résulte des pièces authentiques qui précèdent que, âgé de **trente-quatre ans,** j'en ai passé plus de **quinze** dans l'instruction primaire. Dès l'âge le plus tendre, j'ai été appelé, par la vocation la plus prononcée , à embrasser la carrière de l'enseignement, et les succès que j'y ai obtenus sont une preuve bien manifeste que je ne me suis jamais proposé un but de spéculation. Donnant l'éducation gratuitement à quelques enfants pauvres , en province comme à Paris , jai su me concilier l'estime et l'affection des autorités et des pères de famille. C'eût été mon plus ardent désir de pouvoir me livrer en entier à l'enseignement ; mais abreuvé de dégoûts, forcé de lutter contre des privations sans nombre et sacrifié par ceux-mêmes qui me devaient appui et protection , je me suis vu forcé d'abandonner cette carrière. N'ayant jamais rien dû à l'intrigue ni à la faveur , je crois devoir vous expliquer comment je suis arrivé à l'emploi que j'occupe aujourd'hui.

Au mois de Novembre 1845 , le Ministre de la Guerre ouvrit un concours pour l'admission à quarante-deux emplois dans les bureaux de l'administration centrale. Je me présentai avec 508 autres candidats et après un mois d'épreuves, j'obtins le n° 3 par ordre de mérite sur sa liste des vérificateurs.

Paris , le 20 Mars 1848.

Salut et fraternité ,

RIEUNIÈR.

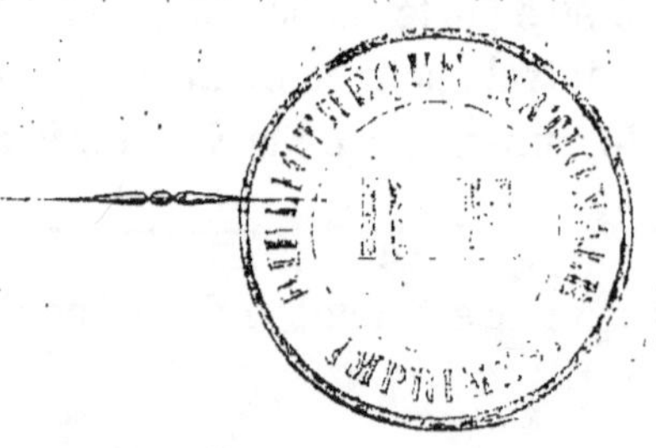

IMPRIMERIE DE PH. CORDIER ,
Rue du Ponceau, 24